Knusprig, herzhaft, ofenfrisch

Marco Seifried

KNUSPRIG, HERZHAFT, OFENFRISCH

KÖSTLICHE REZEPTE FÜR PIKANTES GEBÄCK

Mit Fotos von Gudrun Petersen

Jan Thorbecke Verlag

VERLAGSGRUPPE PATMOS

PATMOS
ESCHBACH
GRÜNEWALD
THORBECKE
SCHWABEN

Die Verlagsgruppe
mit Sinn für das Leben

MIX
Papier aus verantwortungsvollen Quellen
FSC® C028513

Für die Schwabenverlag AG ist Nachhaltigkeit ein wichtiger Maßstab ihres Handelns.
Wir achten daher auf den Einsatz umweltschonender Ressourcen und Materialien.

www.thorbecke.de

Gestaltung: Finken & Bumiller, Stuttgart
Druck: Süddeutsche Verlagsgesellschaft, Ulm
Hergestellt in Deutschland
ISBN 978-3-7995-0618-2

INHALT

HEISSGELIEBTES AUS DEM OFEN

Ist das nicht herrlich, wenn es so verführerisch duftet? Die Ofentür geht auf, und wir blicken auf köstliche Muffins, Clafoutis, Rohrnudeln, Scones oder Crumble. Mit den eher als süß bekannten Leckereien können Sie Familie, Freunde oder Gäste nun in herzhafter Ausführung überraschen. Natürlich dürfen Klassiker wie Salami-Pizza, Calzone, Quiche Lorraine oder Flammkuchen nicht fehlen. Entweder mit saftigen Füllungen, aromatischen Krusten oder verführerisch belegt mit Tomaten, Auberginen, Thunfisch und Lachs. Vielleicht steht Ihnen der Sinn auch nach Bagels, Laugenbrezen oder einer Kürbis-Brötchen-Sonne? Und das Beste an allen Rezepten ist: Die Zutaten sind überschaubar, der Aufwand minimal, und Sie erhalten alles in jedem gut sortierten Supermarkt.

Ob als kleiner Snack, zum Picknick, auf dem Partybuffet oder als Hauptmahlzeit in Begleitung eines knackigen Salats – es gibt viele Gelegenheiten, pikantes Gebäck anzubieten. Wenn man auf Fleisch nicht verzichten möchte, sind Kasseler im Brotteig oder kleine Hackfleisch-Pies ein verlockender Genuss. Fischfans haben Sie mit Kartoffel-Lachs-Strudel, Garnelen-Pastetchen oder Flammkuchen mit Thunfisch an der Angel. Und Rote-Bete-Wähe, Spinat-Pastete mit Feta und Auberginen-Crumble mit Pecorino lassen Vegetarier-Herzen garantiert höher schlagen. Entdecken Sie die grenzenlosen Aromen der verwendeten Gemüse, Kräuter und Gewürze.

Unter Fingerfood & Partygebäck finden Sie eine Auswahl für rauschende Feste, gemütliche Abende oder andere Anlässe. Wenn es ein Imbiss für den kleinen Hunger sein darf, sind Speck-Käse-Röllchen sowie Rosmarin-Grissini bestimmt genau das Richtige. Zum Sattessen ist der gefüllte Brotkranz mit Röstpaprika, Feta und Mozzarella eine willkommene Schlemmerei. Gelegenheiten zum Feiern gibt es viele, und die passenden Rezepte dafür werden Sie im gesamten Buch entdecken können. Dabei lässt sich jedes Zusammensein als Gastgeber unbeschwert genießen, denn alles ist meist wunderbar vorzubereiten.

Eine runde Sache sind die selbst gemachten Bagel aus Hefeteig. Durch ein Tauchbad in kochendem Wasser bilden sie beim Backen eine besonders tolle Kruste. Die vorgegarten Kartoffeln im Hefeteig der Rohrnudeln sorgen für einen großartigen Geschmack. Viele frische Eier machen den Brandteig so luftig, der zusammen mit würzigem Käse die Grundlage für das zarte Windbeutelrad ist. Und der Quark-Öl-Teig für die Hörnchen ist eine schnelle und unkomplizierte Alternative zu Hefeteig. Der Blätterteig für die Kartoffel-Taschen mit Erbsen oder die Speck-Käse-Röllchen kommt ganz einfach aus der Gefriertruhe oder dem Kühlregal des Supermarktes. Ebenso sind die dünnen Filo- oder Yufkateigblätter schon fertig gekauft, denn das erleichtert die Zubereitung.

Mit den ausführlichen Anleitungen wird Ihnen das Backen der herzhaften Schätze bestimmt leicht von der Hand gehen, so dass es am Ende allen ganz fantastisch schmeckt.

VIEL SPASS BEIM NACHBACKEN UND GUTES GELINGEN

IHR MARCO SEIFRIED

DIE 10 BESTEN TIPPS & TRICKS FÜR HERZ-HAFTES GEBÄCK

1 DAS RICHTIGE MEHL

In vielen Rezepten für das herzhafte Gebäck ist Mehl einfach unentbehrlich. Es ist in verschiedene Mehl-Typen unterteilt, die auf jeder Packung angegeben sind (z. B. Type 550). Die Typen-Zahl entspricht dem Gehalt an Mineralstoffen im Mehl. Je höher die Zahl, desto mehr Mineralstoffe sind enthalten. Ist in den Zutatenlisten keine Typenzahl vermerkt, wurde das im Haushalt gebräuchlichste Weizenmehl Type 405 verwendet. Type 550 ist griffiger und nimmt beim Backen Flüssigkeit langsamer auf, wodurch der Teig stabiler bleibt.

2 HEFE VERWENDEN

Hefe macht den Teig locker und lässt ihn beim Backen schön aufgehen. Frische Hefe finden Sie in Würfelform (42 g) gepresst im Kühlregal des Supermarktes. Sämtliche Hefeteige in diesem Buch wurden mit frischer Hefe zubereitet. Achten Sie beim Kauf auf das Haltbarkeitsdatum, denn zu alte Hefe wird bröckelig, bekommt eine graue Farbe und geht nicht mehr optimal auf. Hefeteig ist sehr empfindlich und verträgt weder Zugluft noch zu große Hitze. Daher unbedingt darauf achten, dass der Teig vor dem Backen möglichst nicht über 40 °C erwärmt wird.

3 BACKPULVER – TREIBENDE KRAFT

Sobald Backpulver mit Flüssigkeit in Verbindung kommt, bildet es Kohlensäurebläschen, die dem Gebäck eine luftige Struktur geben. Lässt man den angerührten Teig zu lange stehen, verpufft diese Wirkung und das Gebäck geht nicht mehr richtig auf. Darum erst alle übrigen Zutaten vorbereiten und dann den Teig schnell zubereiten, belegen oder füllen und möglichst fix in den Backofen schieben. Wird das Backpulver zuvor gut mit dem Mehl vermischt, verteilt es sich schön gleichmäßig.

4 EIER-GRÖSSE

Hühnereier sorgen für Bindung im Teig, in Füllungen oder in cremigen Belägen. Bis zum Verzehr ist es ratsam, die Eier stets im Kühlschrank aufzubewahren. Denn so bleiben sie am längsten frisch. Zum Backen sollten sie allerdings Raumtemperatur haben. Achten Sie beim Kauf auf eine unverletzte Schale. Die Angaben in den Zutatenlisten beziehen sich auf Eier der Größe M (medium, 53–63 g).

5 KÄSE REIBEN

Junge oder nicht so feste Käsesorten wie Gouda oder Emmentaler lassen sich oft schwer reiben, weil sie so weich sind. Wenn Sie den Käse vorher ca. 15 Minuten ins Gefrierfach legen, wird er etwas härter und kann besser gerieben werden. Größere Stücke am besten zuvor halbieren oder kleiner schneiden, damit sie schneller durchkühlen.

6 LEICHT-GEWICHTE

Eine digitale Küchenwaage ist ein unverzichtbares Hilfsmittel, denn sie zeigt das Gewicht auf das Gramm genau an. Mit einer Zuwiegefunktion können Sie mehrere Zutaten für einen Teig nacheinander abwiegen, ohne die Schüssel dafür von der Waage zu nehmen. Zwischendurch wird einfach eine Taste gedrückt, welche die Anzeige der Waage wieder auf 0 stellt. Einige Teige in den Rezepten werden in gleich große Stücke geteilt. Wiegen Sie am besten zuvor den gesamten fertigen Teig ab und teilen dann das Gesamtgewicht durch die vorgegebene Stückzahl. Den Teig nun einzeln danach portionieren und abwiegen, damit die Stücke gleichmäßig groß werden.

7 FERTIGE TEIGE

Blätterteig selber herzustellen ist sehr aufwändig, denn er besteht aus vielen dünnen Schichten Teig und Butter. Zum Glück gibt es schon fertig vorbereitete und tiefgekühlte (TK) Scheiben sowie aufgerollten Blätterteig im Kühlregal des Supermarktes. Die gefrorenen Scheiben vor der Verarbeitung ausgebreitet bei Raumtemperatur ca. 15 Minuten auftauen lassen. Die frische Variante aus dem Kühlregal braucht nur entrollt zu werden. Die hauchdünnen Strudelteigblätter, auch Yufka- oder Filoteig genannt, finden Sie ebenso im Kühlregal. Die in den Rezepten verwendeten Blätter sollten ca. 30 x 31 cm groß sein. Yufka ist die türkische Bezeichnung und Filo die griechische.

8 IN BESTFORM

Bewährt haben sich Formen mit Antihaftbeschichtung, die für alle Ofentypen gut geeignet sind. Um das Gebäck wieder unversehrt lösen zu können, sollten Sie auch beschichtete Formen gut fetten oder am Boden mit Backpapier auslegen. Verwenden Sie zum Herausnehmen einen Gegenstand aus Kunststoff oder Silikon, damit die Formen nicht zerkratzen. Anschließend die Formen nicht mit scharfen Gegenständen wie Stahlwolle oder groben Scheuermitteln reinigen. Am besten so schnell wie möglich mit warmen Wasser ausspülen, viele Backformen sind nicht spülmaschinenfest.

9 GUT AUFGELEGT

Behalten Sie das Gebäck im Ofen am besten immer ein wenig im Auge. Bei längeren Backzeiten kann es passieren, dass die Oberfläche zu dunkel wird. Decken Sie Teig & Co. dann lieber mit Alufolie oder Backpapier ab, das schützt die obere Schicht, und der Rest kann bedenkenlos weiterbacken. Notfalls können Sie die Backofentemperatur um ca. 20 °C reduzieren.

10 RUND UMS BACKEN

Die angegebenen Backzeiten können nur Richtzeiten sein, denn jeder Ofen ist anders. Hilfreich für eine ganz genaue Temperaturangabe ist ein zusätzlich in den Ofen gestelltes Backofenthermometer. Bevor das Gebäck in den Ofen geschoben wird, sollte er vorgeheizt werden und die gewünschte Temperatur erreicht haben. Gegen Ende der im Rezept angegebenen Backzeit machen Sie am besten eine Garprobe. Entweder erkennen Sie das fertige Gebäck an einem Holzspießchen-Test, an dem bestenfalls keine rohen Reste kleben bleiben, oder durch vorsichtigen Druck mit der Hand. Flachere Stücke lassen sich leicht anheben: Ist die Unterseite goldgelb und trocken, können Sie das Gebäck herausnehmen.

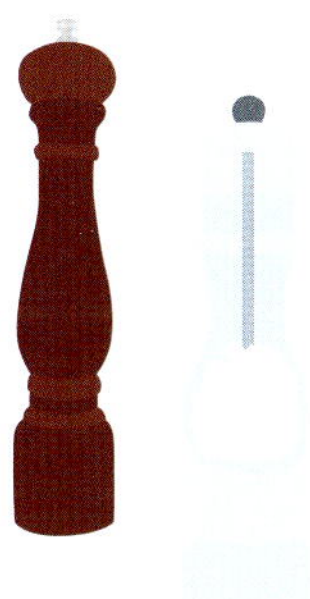

PIZZA, QUICHE & CO.

RÖSTI-SPINAT-QUICHE MIT LACHS

Zutaten für ca. 8 Stücke:
1 Zwiebel
1 Knoblauchzehe
1 EL Butter + Butter für die Form
500 g TK-Blattspinat
Salz
geriebene Muskatnuss
ca. 850 g mehligkochende Kartoffeln
2 Eigelb
2 EL Mehl
Pfeffer aus der Mühle
100 g Kirschtomaten
250 g Schmand
2 Eier
1 EL mittelscharfer Senf
1 EL Stärke
300 g Lachsfilet ohne Haut
125 g Mozzarella

1 Die Zwiebel abziehen und würfeln. Den Knoblauch abziehen und fein hacken. Die Butter in einem Topf erhitzen. Die Zwiebel und den Knoblauch darin andünsten. Den Spinat und ca. 100 ml Wasser zugeben. Zugedeckt 10–15 Minuten dünsten, dabei öfter umrühren. Mit Salz und Muskat würzen. Offen ca. 5 Minuten weiterköcheln, auf einem Sieb abtropfen und etwas abkühlen lassen.

2 Die Kartoffeln schälen, waschen und auf einer Haushaltsreibe grob raspeln. Die Kartoffelraspel in einem Sieb abtropfen lassen und ausdrücken. Ca. 600 g Kartoffelraspel abwiegen. Die Eigelbe und das Mehl untermischen. Mit Salz, Pfeffer und Muskat würzen. Die Kartoffelmasse in einer am Boden mit Backpapier ausgelegten und mit reichlich Butter gefetteten Springform (Ø 26 cm) verteilen, dabei einen ca. 3 cm hohen Rand formen.

3 Den Backofen auf 180 °C (Umluft 160 °C) vorheizen. Die Tomaten waschen, trocken tupfen und halbieren. Den Schmand, die Eier, den Senf und die Stärke verrühren. Mit Salz und Pfeffer würzen. Den Lachs waschen, trocken tupfen und in grobe Würfel schneiden. Mit Salz und Pfeffer würzen.

4 Den Spinat, die Tomaten und den Lachs mit dem Schmandguss mischen und auf der Kartoffelmasse verteilen. Den Mozzarella in Scheiben schneiden und auf der Quiche verteilen. 40–45 Minuten backen, evtl. zum Schluss mit Alufolie zudecken, damit die Quiche nicht zu braun wird.

PISSALADIÈRE

Zutaten für ca. 12 Stücke:

½ Würfel frische Hefe (21 g)
1 ½ TL Zucker
350 g Mehl (Type 550)
Salz
6 EL Olivenöl
500 g rote Zwiebeln
500 g Zwiebeln
2 Knoblauchzehen
Pfeffer aus der Mühle
3–4 TL getrocknete Kräuter der Provence
1 EL Tomatenmark
1 Tomate
75 g grüne Oliven ohne Stein
ca. 16 Sardellenfilets in Öl (Anchovis)

1 Die Hefe und ½ TL Zucker in 180 ml lauwarmem Wasser auflösen. Das Mehl und ca. 1 TL Salz vermischen. Die Mehlmischung, das Hefewasser und 3 EL Öl erst mit den Knethaken des Handrührgeräts, dann mit den Händen ca. 5 Minuten verkneten. Den Hefeteig mit einem angefeuchteten Tuch zugedeckt bei Raumtemperatur ca. 45 Minuten gehen lassen.

2 Die gesamten Zwiebeln abziehen und in feine Streifen schneiden. Den Knoblauch abziehen und fein hacken. 2 EL Öl in einem Topf erhitzen. Die Zwiebeln und den Knoblauch darin andünsten. Die Zwiebeln ca. 15 Minuten zugedeckt dünsten, dabei öfter umrühren. Mit Salz, Pfeffer und dem übrigen Zucker würzen. Evtl. entstandene Flüssigkeit verdampfen lassen. Die Kräuter und das Tomatenmark unterrühren.

3 Den Backofen auf 180 °C (Umluft 160 °C) vorheizen. Die Tomate waschen, trocken tupfen und in dünne Scheiben schneiden. Die Oliven längs halbieren. Die Sardellenfilets abtropfen lassen.

4 Den Hefeteig durchkneten und auf einem mit Mehl bestäubten Stück Backpapier auf Blechgröße ausrollen. Samt Backpapier auf ein Backblech legen. Die Zwiebeln auf dem Teig verteilen. Mit Tomatenscheiben belegen und diese mit dem übrigen Öl bestreichen. Mit Salz würzen. Die Oliven und die Sardellen auf den Zwiebeln verteilen, 30–40 Minuten backen.

QUICHE LORRAINE

Zutaten für ca. 12 Stücke:

- 125 g Butter
- 250 g Mehl (Type 550)
- 5 Eier
- Salz
- 2 Zwiebeln
- 200 g Frühstücksspeck in Scheiben
- 125 g Emmentaler, Appenzeller oder Greyerzer ohne Rinde
- 150 g Sahne
- 150 g Schmand
- Pfeffer aus der Mühle
- geriebene Muskatnuss

1 Den Backofen auf 180 °C (Umluft 160 °C) vorheizen. Die Butter in kleine Würfel schneiden. Das Mehl mit 1 Ei, ½ TL Salz und der Butter verkneten. Wenn der Teig zu fest ist, 1–2 EL kaltes Wasser unterkneten.

2 Ca. zwei Drittel des Teiges rund (Ø 26 cm) ausrollen. Den Boden einer Quiche- oder Springform (Ø 26 cm) damit auslegen. Mit einer Gabel mehrmals einstechen, damit sich der Boden beim Backen nicht wölbt. Den übrigen Teig zugedeckt kalt stellen. Den Boden 10–15 Minuten vorbacken, herausnehmen und kurz abkühlen lassen.

3 Die Zwiebeln abziehen und würfeln. Den Speck in kleine Würfel schneiden und in einer Pfanne ohne Fett leicht anbraten. Die Zwiebeln kurz mitbraten, herausnehmen und etwas abkühlen lassen. Den Käse reiben. Die Sahne, den Schmand und die übrigen Eier mit einem Schneebesen verquirlen. Mit Salz, Pfeffer und Muskat würzen.

4 Aus dem übrigen Teig eine Rolle formen und als ca. 3 cm hohen Rand rundherum an den Formrand drücken. Die Speck-Zwiebel-Mischung auf dem vorgebackenen Boden verteilen. Die Mischung gleichmäßig mit Käse bestreuen. Die Eiersahne vorsichtig darübergießen. Die Quiche 35–40 Minuten backen. Vor dem Anschneiden einige Minuten ruhen lassen.

SPARGEL-RICOTTA-TARTE

Zutaten für ca. 12 Stücke:

125 g Butter
250 g Mehl
1 TL Backpulver
125 g abgetropfter Magerquark
Salz
500 g grüner Spargel
1 TL Zucker
100 g TK-Erbsen
3 Lauchzwiebeln
½ Bund Dill
100 g mittelalter Pecorino ohne Rinde
250 g Ricotta
100 g Sahne
4 Eier
2 TL Stärke
Pfeffer aus der Mühle
geriebene Muskatnuss

1 Die Butter in kleine Stücke schneiden. Das Mehl mit dem Backpulver mischen. Mit der Butter, dem Quark und ca. ½ TL Salz verkneten. Den Teig zu einer Kugel formen, in Frischhaltefolie wickeln und ca. 30 Minuten kalt stellen.

2 Den Spargel waschen, das untere Drittel schälen und holzige Enden abschneiden. Den Spargel in kochendem Salzwasser mit dem Zucker ca. 5 Minuten garen, die Erbsen ca. 2 Minuten mitgaren. Beides abgießen, mit kaltem Wasser abschrecken und gut abtropfen lassen. Die Lauchzwiebeln waschen, putzen und in Ringe schneiden. Den Dill waschen, trocken schütteln und abzupfen. Den Dill fein schneiden. Den Pecorino reiben.

3 Den Backofen auf 180 °C (Umluft 160 °C) vorheizen. Den Teig auf wenig Mehl rund (Ø ca. 30 cm) ausrollen. Eine gefettete Tarte- oder Pieform (Ø ca. 28 cm) damit auslegen. Den Teig am Rand andrücken, den Boden mit einer Gabel mehrmals einstechen. Einen langen Streifen zusammengeknüllte Alufolie an den Teigrand legen und leicht andrücken. Den Boden ca. 10 Minuten vorbacken, herausnehmen. Die Alufolie entfernen.

4 Den Ricotta, die Sahne, die Eier und die Stärke verquirlen. Den Dill und ca. 60 g geriebenen Pecorino unterrühren. Mit Salz, Pfeffer und Muskat würzen. Die Erbsen, die Lauchzwiebeln und den Spargel in der Form verteilen. Den Spargel dabei evtl. in Formgröße zuschneiden. Die Ricotta-Masse darauf verstreichen und mit dem übrigen Pecorino bestreuen. Die Spargel-Ricotta-Tarte 35–40 Minuten backen.

SALAMI-PIZZA

Zutaten für ca. 4 Stück:
15 g frische Hefe
½ TL Zucker
350 g Mehl
50 g Hartweizengrieß
Salz
5 EL Olivenöl
100 ml naturtrübes Hefeweißbier
1 Knoblauchzehe
1 Schalotte
ca. 150 ml passierte Tomaten
1 EL Tomatenmark
3 TL getrockneter Oregano
Pfeffer aus der Mühle
2 Tomaten
250 g Büffelmozzarella
ca. 120 g luftgetrocknete Baguettesalami in dünnen Scheiben
16 schwarze Oliven ohne Stein

1 Die Hefe und den Zucker in ca. 100 ml lauwarmem Wasser auflösen. Das Mehl, den Hartweizengrieß und 1 ½ TL Salz in einer Rührschüssel vermischen. Das Hefewasser, das Olivenöl und das Bier zur Mehlmischung geben. Erst kurz mit den Knethaken des Handrührgeräts verkneten, dann mit den Händen durchkneten. Den Pizzateig zu einer Kugel formen und mit einem angefeuchteten Geschirrtuch zudecken. Ca. 1 ½ Stunden bei Raumtemperatur gehen lassen.

2 Den Knoblauch abziehen und durch eine Knoblauchpresse drücken. Die Schalotte abziehen und fein würfeln. Die passierten Tomaten mit dem Tomatenmark, dem Knoblauch, der Schalotte, 1 TL Oregano sowie Salz und Pfeffer verrühren. Die Tomaten waschen, trocken tupfen und in dünne Scheiben schneiden. Den Mozzarella abtropfen lassen, in dünne Scheiben schneiden.

3 Den Backofen auf 220 °C (Umluft 200 °C) vorheizen. Den Pizzateig nochmals kurz durchkneten und in vier gleich große Stücke teilen. Je ein Stück Teig auf wenig Mehl rund (Ø 26–28 cm) ausrollen. Auf ein gefettetes Backblech legen. Mit einem Viertel der Tomatensoße bestreichen. Je ein Viertel der Tomaten, der Salami, der Oliven und des Mozzarella darauf verteilen. Die Tomaten mit Salz würzen. Alles mit ½ TL Oregano und Pfeffer bestreuen. Die Pizza 15–20 Minuten backen. Aus den übrigen Zutaten ebenso drei weitere Pizzen zubereiten.

ROTE-BETE-WÄHE

Zutaten für ca. 12 Stücke:

ca. 200 g mittelgroße Kartoffeln
Salz
180 g Mehl (Type 550)
1 ½ TL Zucker
3 Eier
2 EL Olivenöl
½ Würfel frische Hefe (21 g)
2 Zwiebeln
200 g Le Gruyère ohne Rinde
400 g vorgegarte Rote Bete (vakuumverpackt)
200 g Meerrettich-Frischkäse
1 TL mittelscharfer Senf
Pfeffer aus der Mühle
evtl. 1–2 Stiele Dill

1 Die Kartoffeln waschen und mit Schale ca. 25 Minuten in kochendem Salzwasser garen. Abgießen, mit kaltem Wasser abschrecken und pellen. Die Kartoffeln noch heiß durch eine Kartoffelpresse drücken oder mit einer Gabel fein zerdrücken. Kurz abkühlen lassen. 180 g Kartoffelschnee abwiegen. Mit dem Mehl, ½ TL Zucker, ½ TL Salz, 1 Ei, 1 EL Öl und der zerbröselten Hefe glatt verkneten. Den Hefeteig zugedeckt an einem warmen Ort ca. 30 Minuten gehen lassen.

2 Die Zwiebeln abziehen und in feine Streifen schneiden. Das restliche Öl in einer Pfanne erhitzen. Die Zwiebeln darin andünsten. Mit dem übrigen Zucker bestreuen und karamellisieren, dann etwas abkühlen lassen.

3 Den Backofen auf 180 °C (Umluft 160 °C) vorheizen. Den Gruyère reiben oder in feine Streifen schneiden. Die Rote Bete evtl. abtropfen lassen. Den Hefeteig auf wenig Mehl rund (Ø ca. 30 cm) ausrollen. Ein gefettetes Springblech mit schrägem Rand oder eine Tarteform (Ø ca. 26 cm) damit auslegen, den Teig dabei am Rand andrücken. Den Boden ca. 10 Minuten vorbacken.

4 Die Rote Bete in Scheiben (ca. ½ cm dick) schneiden. Die übrigen Eier, den Frischkäse und den Senf verrühren. Mit Salz und Pfeffer würzen. Die Hälfte des Gruyères auf dem Teigboden verteilen. Erst mit Zwiebeln, dann mit Roter Bete belegen. Den Frischkäseguss darübergießen. Mit dem restlichen Gruyère bestreuen. Die Wähe 25–30 Minuten backen. Den Dill waschen, trocken schütteln und abzupfen. Die Rote-Bete-Wähe, falls gewünscht, damit garnieren.

TIPP

Anstelle von fertigem Meerrettich-Frischkäse können Sie den Frischkäseguss mit Doppelrahmfrischkäse zubereiten und ca. 2 TL fein geriebenen frischen Meerrettich unterrühren.

BROT, BRÖTCHEN & WÜRZIGE KUCHEN

BAGEL MIT FRISCHKÄSE UND LACHS

Zutaten für ca. 8 Stück:

- ½ Würfel frische Hefe (21 g)
- 3 TL Zucker
- 600 g Mehl (Type 550)
- Salz
- 3 EL Olivenöl
- je ca. 2 EL Sesam- und Mohnsamen
- 1 Bund Schnittlauch
- 8 Salatblätter
- 200 g Doppelrahmfrischkäse
- 2 EL Schmand oder Joghurt
- 2 TL mittelscharfer Senf
- 200 g geräucherter Lachs in Scheiben

1 Die Hefe und 1 TL Zucker in ca. 250 ml lauwarmem Wasser auflösen. Das Mehl, den übrigen Zucker, 2 gestrichene TL Salz und das Öl zugeben. Die Zutaten erst mit den Knethaken des Handrührgeräts kurz verkneten, dann mit den Händen gut durchkneten. Mit einem angefeuchteten Geschirrtuch zugedeckt ca. 1 Stunde bei Raumtemperatur gehen lassen.

2 Den Teig auf wenig Mehl mit den Händen nochmals durchkneten. Zugedeckt nochmals ca. 20 Minuten gehen lassen. Den Teig zu einer Rolle formen und in 8 Stücke schneiden. Die Teigstücke zu Kugeln formen und in der Mitte jeweils mit einem Kochlöffelende ein Loch eindrücken. Teigkringel formen, das Loch dabei vergrößern. Auf ein geöltes Backblech legen.

3 Den Ofen auf 180 °C (Umluft 160 °C) vorheizen. Einen breiten Topf zu ca. zwei Dritteln mit Wasser füllen und aufkochen. Ca. 2 TL Salz einrühren. Die Teigkringel portionsweise nebeneinander in das kochende Wasser geben und von jeder Seite ca. 30 Sekunden offen köcheln lassen. Die Teigkringel herausnehmen, abtropfen und kurz auf einem Gitter etwas abkühlen lassen.

4 Den Sesam und den Mohn mischen. Die Teigkringel mit der Oberseite in die Mischung drücken und mit Abstand auf das geölte Backblech legen. 25–30 Minuten backen. Die Bagels etwas abkühlen lassen. Den Schnittlauch waschen, trocken schütteln und in Röllchen schneiden. Den Salat waschen, putzen und trocken tupfen. Den Frischkäse, den Schmand oder Joghurt und den Senf verrühren. Die Bagels waagerecht durchschneiden. Mit Frischkäse, Salat, Lachs und Schnittlauch belegen.

KÜRBIS-BRÖTCHEN-SONNE

Zutaten für ca. 14 Stücke:

ca. 550 g geputztes und entkerntes Fruchtfleisch vom Hokkaido-Kürbis
Salz
300 g Mehl (Type 550)
250 g Dinkelmehl (Type 630)
1 Würfel frische Hefe (42 g)
½ TL Zucker
2 Eigelb
2 TL Tomatenmark
2 EL Öl (z. B. Kürbiskern- oder Olivenöl)
2–3 TL Kürbiskerne
2–3 TL Sonnenblumenkerne

1 Das Kürbisfleisch in Würfel (ca. 2 cm groß) schneiden. Mit ca. 100 ml Wasser und 1 Prise Salz 7–10 Minuten zugedeckt dünsten, dabei ab und zu umrühren. Den Kürbis in einem Sieb abtropfen und lauwarm abkühlen lassen.

2 Das gesamte Mehl und 2 TL Salz in einer Schüssel mischen. Die Hefe und den Zucker in ca. 90 ml lauwarmem Wasser auflösen. Das Kürbisfleisch fein pürieren und durch ein Sieb streichen. Ca. 300 g Kürbispüree abwiegen.

3 Das Kürbispüree, das Mehl, das Hefewasser, die Eigelbe, das Tomatenmark und das Öl mit den Knethaken des Handrührgeräts glatt verkneten. Den Teig zu einer Kugel formen und mit einem angefeuchteten Geschirrtuch zugedeckt ca. 45 Minuten bei Raumtemperatur gehen lassen.

4 Den Hefeteig auf wenig Mehl mit den Händen durchkneten. Mit bemehlten Händen zu ca. 14 Teigkugeln formen. Die Teigkugeln sonnenförmig und dicht aneinander auf ein mit Backpapier belegtes Backblech legen. Zugedeckt ca. 15 Minuten bei Raumtemperatur gehen lassen.

5 Den Ofen auf 180 °C (Umluft 160 °C) vorheizen. Die Teigkugeln oben leicht mit Wasser bestreichen. Abwechselnd mit Kürbiskernen und Sonnenblumenkernen bestreuen. Die Brötchen-Sonne im Ofen 25–30 Minuten backen.

FLAMMKUCHEN MIT THUNFISCH

Zutaten für ca. 4 Stücke:

½ Würfel frische Hefe (21 g)
½ TL Zucker
300 g Mehl (Type 550)
Salz
3 EL Olivenöl
1 Bund Lauchzwiebeln
1 Knoblauchzehe
200 g Crème fraîche
2 Eigelb
2 TL getrockneter Oregano
Pfeffer aus der Mühle
2 Dosen Thunfisch in Öl (je ca. 130 g Abtropfgewicht)

1 Die Hefe und den Zucker in 160 ml lauwarmem Wasser auflösen. Das Mehl und ca. 1 TL Salz in einer Schüssel vermischen. Das Hefewasser und das Öl zugeben. Alles erst mit den Knethaken des Handrührgeräts, dann mit den Händen glatt verkneten. Zugedeckt an einem warmen Ort ca. 40 Minuten gehen lassen.

2 Den Backofen samt Backblech auf 220 °C (Umluft 200 °C) vorheizen. Die Lauchzwiebeln waschen, putzen und schräg in Ringe schneiden. Den Knoblauch abziehen, durch eine Knoblauchpresse drücken. Die Crème fraîche, den Knoblauch, die Eigelbe und den Oregano verrühren. Mit Salz und Pfeffer würzen. Den Thunfisch abtropfen lassen, grob zerzupfen und mit den Lauchzwiebeln mischen.

3 Den Teig nochmals durchkneten und halbieren. Eine Hälfte auf einem bemehlten Stück Backpapier dünn ausrollen (ca. 30 cm × 36 cm). Die Hälfte der Crème-fraîche-Mischung darauf verstreichen. Mit der Hälfte der Thunfischmischung belegen.

4 Den belegten Flammkuchen samt Backpapier auf das heiße Backblech ziehen und im heißen Ofen 10–15 Minuten backen. Die zweite Teighälfte ebenso ausrollen, bestreichen bzw. belegen und backen. Den Flammkuchen in Stücke schneiden und anrichten.

KASSELER IM BROTTEIG

Zutaten für 6 Portionen:
1,2 kg schmales ausgelöstes Kasselerkotelett (im Stück)
1–2 EL Öl
ca. 270 ml Vollmilch
1 Würfel frische Hefe (42 g)
½ TL Zucker
300 g Mehl (Type 1050)
100 g Mehl
Salz
½ Bund Petersilie
½ Bund Schnittlauch
3–4 TL mittelscharfer Senf

1 Das Kasseler ca. 1 Stunde vor dem Braten aus dem Kühlschrank nehmen. Den Backofen auf 180 °C (Umluft 160 °C) vorheizen. Das Kasseler waschen und trocken tupfen. Das Öl in einem Bräter verteilen. Das Kasseler hineinlegen, im Ofen ca. 1 Stunde zugedeckt braten. Anschließend lauwarm abkühlen lassen.

2 Die Milch lauwarm erhitzen. Die Hefe und den Zucker darin unter Rühren auflösen. Das Mehl und ca. 1 TL Salz in einer Schüssel vermischen. Die Hefemilch zugießen. Alles erst mit den Knethaken des Handrührgeräts, dann mit den Händen in der Schüssel ca. 5 Minuten gut verkneten. Den Teig zu einer Kugel formen. Mit einem angefeuchteten Geschirrtuch zugedeckt bei Raumtemperatur ca. 45 Minuten gehen lassen.

3 Die Petersilie waschen, trocken schütteln und die Blättchen abzupfen. Die Petersilie fein hacken. Den Schnittlauch waschen, trocken schütteln und in Röllchen schneiden. Den Teig nochmals durchkneten und auf wenig Mehl rechteckig (ca. 30 cm × 40 cm) ausrollen. Den Teig mit Petersilie und Schnittlauch bestreuen, dabei einen ca. 2 cm breiten Rand rundherum frei lassen. Das Kasseler mit Küchenpapier abtupfen und von allen Seiten mit Senf bestreichen. Das Kasseler auf den Teig legen, die Teigränder mit wenig kaltem Wasser bestreichen.

4 Das Kasseler in den Teig einwickeln und Ränder andrücken. Mit der Nahtseite nach unten auf ein mit Backpapier belegtes Blech legen, ca. 15 Minuten gehen lassen. Den Teig mit Wasser bestreichen und mit etwas Mehl bestäuben. Im Ofen 45–50 Minuten backen. Das Kasseler herausnehmen, vor dem Anschneiden ca. 10 Minuten ruhen lassen. Am besten mit einem Elektro- oder Sägemesser aufschneiden. Dazu schmeckt Krautsalat.

J. J. VENINGA.

PIKANTER SCHNECKEN-KUCHEN

Zutaten für ca. 8 Stücke:

½ Würfel frische Hefe (21 g)
½ TL Zucker
450 g Mehl (Type 550)
Salz
4 EL Olivenöl
2 Eier
1 Stange Porree (ca. 400 g)
1 Apfel (z. B. Boskop)
1 EL Zitronensaft
Pfeffer aus der Mühle
100 g Doppelrahm-frischkäse mit Kräutern
1 Eigelb
400 g gewürztes Mett
etwas mildes Currypulver

1 Die Hefe und den Zucker in ca. 185 ml lauwarmem Wasser unter Rühren auflösen. Das Mehl und ca. 1 TL Salz in einer Schüssel vermischen. Das Hefewasser, 3 EL Öl und 1 Ei zugeben. Alles erst mit den Knethaken des Handrührgeräts, dann mit den Händen gut verkneten. Mit einem angefeuchteten Geschirrtuch zugedeckt bei Raumtemperatur ca. 45 Minuten gehen lassen.

2 Den Porree waschen, putzen und in Streifen schneiden. Den Apfel schälen, entkernen und klein würfeln. Mit dem Zitronensaft vermischen. Das restliche Öl in einer Pfanne erhitzen. Den Porree darin andünsten, den Apfel kurz mitdünsten. Mit Salz und Pfeffer würzen, etwas abkühlen lassen.

3 Den Hefeteig nochmals gut durchkneten und auf wenig Mehl rechteckig (ca. 45 cm × 45 cm) ausrollen. Den Frischkäse und das Eigelb verrühren. Die Apfel-Porree-Mischung unterrühren. Das Mett gut mit dem übrigem Ei und dem Curry verkneten, mit einem Teigspatel auf dem Teig verstreichen. Dann die Apfel-Porree-Mischung darauf verteilen. Den Teig von einer Seite her aufrollen und am besten mit einem Sägemesser (Brotmesser) in ca. 8 Stücke schneiden.

4 Die Teigschnecken je mit einer Schnittfläche nach oben dicht an dicht in eine gefettete Springform (Ø ca. 26 cm) legen. Mit einem angefeuchteten Geschirrtuch zugedeckt ca. 15 Minuten gehen lassen. Den Ofen auf 180 °C (Umluft 160 °C) vorheizen. Die Schnecken in der Form evtl. etwas flacher drücken und im Ofen ca. 50 Minuten backen. Evtl. kurz vor Ende der Backzeit mit Alufolie zudecken.

GEORGISCHES KÄSEBROT CHATSCHAPURI

Zutaten für ca. 12 Stücke:
1 Würfel frische Hefe (42 g)
1 TL Zucker
500 g Mehl (Type 550)
Salz
6 EL Olivenöl
3–4 Zweige Thymian
1 Zwiebel
100 g Camembert
125 g Mozzarella
150 g Feta oder Schafskäse
125 g Doppelrahmfrischkäse
1 Ei
1 Eigelb
Pfeffer aus der Mühle

1 Die Hefe und den Zucker in ca. 300 ml lauwarmem Wasser auflösen. Das Mehl, ca. 2 TL Salz und 5 EL Öl in eine Schüssel geben, das Hefewasser zugießen. Alles erst mit den Knethaken des Handrührgeräts kurz verkneten, dann mit den Händen gut durchkneten. Den Teig zu einer Kugel formen. Mit einem angefeuchteten Geschirrtuch zugedeckt ca. 1 Stunde bei Raumtemperatur gehen lassen.

2 Den Thymian waschen, trocken schütteln und abzupfen. Die Thymianblättchen hacken. Die Zwiebel abziehen und würfeln. Das übrige Öl in einem kleinen Topf erhitzen. Die Zwiebel darin andünsten. Den Thymian kurz mitdünsten, etwas abkühlen lassen. Den Camembert und den Mozzarella in Scheiben schneiden und mit einer Gabel fein zerdrücken. Den Feta fein zerbröseln. Den Camembert, den Mozzarella, den Feta, den Frischkäse, das Ei, das Eigelb und die Zwiebelmischung mit einem Kartoffelstampfer kräftig durcharbeiten. Mit Salz und Pfeffer würzen.

3 Den Teig auf wenig Mehl mit den Händen durchkneten. Auf einer mit wenig Mehl bestäubten Arbeitsfläche rund (Ø ca. 50 cm) ausrollen. Den Teigkreis zu einem Viertel falten. Die Teigspitze mittig in eine gefettete und mit Mehl ausgestäubte Springform (Ø 26–28 cm) legen, auseinander falten. Die Käsemischung kuppelförmig in der Form verstreichen. Den Teig in Falten über die Käsemischung legen. Das vorbereitete Brot zugedeckt ca. 20 Minuten gehen lassen.

4 Den Ofen auf 180 °C (Umluft 160 °C) vorheizen. Das Käsebrot mit Salzwasser bestreichen und im Ofen 35–40 Minuten backen. Herausnehmen, etwas abkühlen lassen. Aus der Form nehmen und auf einem Gitter auskühlen lassen.

FINGER-FOOD & PARTY-GEBÄCK

GEFÜLLTER BROTKRANZ

Zutaten für ca. 12 Stücke:

30 g frische Hefe
1 TL Zucker
500 g Mehl (Type 550)
Salz
3 EL Olivenöl
200 g geröstete, eingelegte Paprikaschoten ohne Haut (Glas; ca. 370 ml)
50 g grüne Oliven ohne Stein
½ Töpfchen Basilikum
1 Knoblauchzehe
300 g Feta oder Schafskäse
25 g Tomatenmark
Pfeffer aus der Mühle
2 EL Milch

1 Die Hefe und den Zucker in ca. 270 ml lauwarmem Wasser auflösen. Das Mehl und ca. 1 TL Salz in einer Schüssel vermischen. Das Hefewasser und das Olivenöl zugeben. Alles erst mit den Knethaken des Handrührgeräts gut verkneten, dann mit den Händen weiterkneten. Den Hefeteig mit einem angefeuchteten Geschirrtuch zugedeckt bei Raumtemperatur ca. 30 Minuten gehen lassen.

2 Die Paprika gut abtropfen lassen. Ca. 200 g abwiegen und fein würfeln. Die Oliven abtropfen lassen und quer halbieren. Das Basilikum waschen, trocken schütteln, die Blättchen abzupfen und grob hacken. Den Knoblauch abziehen und durch eine Knoblauchpresse drücken. Den Feta oder Schafskäse grob zerbröseln. Die Paprikawürfel, das Tomatenmark und den Knoblauch vermischen. Mit Salz und Pfeffer würzen.

3 Den Teig nochmals kurz mit den Händen durchkneten und auf wenig Mehl rechteckig (ca. 35 cm × 55 cm) ausrollen. Die Paprika-Mischung darauf verstreichen. Dabei an den langen Seiten mindestens 5 cm Rand frei lassen.
Mit Feta, Basilikum und Oliven belegen. Den Teig von einer langen Seite her aufrollen. Mit der Nahtseite nach unten als Ring auf ein mit Backpapier belegtes Backblech legen. Mit einem angefeuchteten Geschirrtuch zugedeckt bei Raumtemperatur ca. 20 Minuten gehen lassen.

4 Den Backofen auf 180 °C (Umluft 160 °C) vorheizen. Den Teigring oben mehrmals einschneiden. Mit Milch bestreichen und 40–45 Minuten backen.

KNUSPRIGE SPECK-KÄSE-RÖLLCHEN

Zutaten für ca. 22 Stück:

- 75 g Frühstücksspeck in Scheiben
- 100 g mittelalter Gouda
- 1 Knoblauchzehe
- 1 Ei
- 30 g Tomatenmark
- 1 EL gehackter Thymian
- 1 EL gehacktes Basilikum
- Salz
- Pfeffer aus der Mühle
- 1 Packung aufgerollter Blätterteig (ca. 270 g, Kühlregal, ca. 24 cm × 40 cm)

1 Den Speck erst in feine Streifen und dann in kleine Würfel schneiden. Den Gouda grob raspeln. Den Knoblauch abziehen und durch eine Knoblauchpresse drücken. Mit dem Ei, dem Tomatenmark und den Kräutern glatt verrühren. Die Speckwürfel unterrühren. Mit Salz und Pfeffer würzen.

2 Den Backofen auf 180 °C (Umluft 160 °C) vorheizen. Den Blätterteig entrollen und mit der Speckmischung bestreichen. Dabei an den langen Seiten je einen ca. 1 cm breiten Rand frei lassen. Den Gouda gleichmäßig darauf verteilen.

3 Den belegten Blätterteig von einer langen Seite her aufrollen. Die Rolle mit einem Sägemesser (z. B. Brotmesser) in ca. 22 Scheiben schneiden. Die Röllchen mit einer Schnittfläche nach unten auf einem mit Backpapier ausgelegten Backblech verteilen. Evtl. mit den Händen etwas nachformen und flacher drücken. Im Ofen 20–25 Minuten backen. Die Speck-Käse-Röllchen schmecken warm und kalt.

TIPP Legen Sie die Speckscheiben einige Minuten in das Gefrierfach, so wird weicher Speck etwas fester und lässt sich besser schneiden.

ROSMARIN-GRISSINI MIT PARMA-SCHINKEN

Zutaten für ca. 30 Stück:
1–2 Zweige Rosmarin
½ Würfel frische Hefe (21 g)
1 TL Zucker
375 g Mehl (Type 550)
Salz
1 Eiweiß
9–10 EL Olivenöl
ca. 45 g Parmaschinken in dünnen Scheiben

1 Den Rosmarin waschen, trocken schütteln und die Nadeln abzupfen. Die Rosmarinnadeln sehr fein hacken oder schneiden. Die Hefe und den Zucker in ca. 150 ml lauwarmem Wasser auflösen. Das Mehl und ca. 1 TL Salz in einer Schüssel vermischen.

2 Das Hefewasser, ca. 3 TL Rosmarin, das Eiweiß und 4 EL Olivenöl zum Mehl geben. Alles erst mit den Knethaken des Handrührgeräts gut verkneten, dann mit den Händen durchkneten. Den Hefeteig mit einem angefeuchteten Geschirrtuch zugedeckt bei Raumtemperatur ca. 1 Stunde gehen lassen. Die Schinkenscheiben in sehr feine Würfel schneiden.

3 Den Backofen auf 180 °C (Umluft 160 °C) vorheizen. Den Hefeteig nochmals durchkneten, dabei den Schinken unterkneten. Den Teig halbieren und auf einer leicht bemehlten Arbeitsfläche jeweils rechteckig (ca. 15 cm × 22 cm) ausrollen. Die Rechtecke jeweils in ca. 15 Streifen (je ca. 1 cm breit) schneiden.

4 Die Teigstreifen etwas in die Länge ziehen und auf wenig Mehl leicht rollen. Auf ca. zwei mit Backpapier belegten Backblechen verteilen. Mit dem übrigen Öl bestreichen und evtl. mit etwas Salz bestreuen. Im Ofen 20–25 Minuten backen.

KÄSEWIND-BEUTELRAD GOUGÈRE

Zutaten für 10–12 Stücke:
65 g Butter
Salz
geriebene Muskatnuss
150 g Mehl
4 Eier
130 g Emmentaler oder Le Gruyère

1 Ca. 250 ml Wasser, die Butter und ½ TL Salz in einem Topf aufkochen lassen. Mit Muskat würzen. Den Topf vom Herd nehmen und das Mehl unter Rühren auf einmal zugeben. Den Topf wieder auf den Herd stellen und mit einem Holzlöffel rühren, bis sich der Teig als Kloß vom Topfboden löst. Am Boden bildet sich dabei eine weißliche Schicht. Der Teig sollte aber auch nicht zu lange erhitzt werden, sonst wird er fest und schwer.

2 Den Topf vom Herd ziehen und den Teig in eine Schüssel umfüllen. Ein Ei sofort unterrühren und den Teig etwas abkühlen lassen. Die übrigen 3 Eier einzeln unterrühren, bis der Teig glatt ist und glänzt. Der Teig muss jedes Ei vollständig aufgenommen haben, bevor man das nächste unterrührt. Den Käse in Würfel (ca. ½ cm × ½ cm) schneiden, die Hälfte der Käsewürfel unter den Brandteig kneten. Ca. 30 Minuten zugedeckt ruhen lassen.

3 Den Backofen auf 200 °C (Umluft 180 °C) vorheizen. Den Teig mithilfe von zwei Esslöffeln zu 10–12 Nocken formen. Die Löffel vorher in heißes Wasser tauchen. Die Nocken kreisförmig auf ein mit Backpapier ausgelegtes Backblech legen, so dass sie sich knapp berühren.

4 Das Windbeutelrad mit den übrigen Käsewürfeln belegen. Die Würfel so eindrücken, dass sie noch etwas herausragen. Das Käsewindbeutelrad 30–35 Minuten backen. Die Backofentür zwischendurch nicht öffnen, sonst fällt das Gebäck zusammen. Die Käsewindbeutel aus dem Ofen nehmen und warm servieren. Dazu passen Salat und eine Flasche Burgunder.

MINI-CALZONE

Zutaten für ca. 12 Stück:
30 g frische Hefe
½ TL Zucker
400 g Mehl (Type 550)
Salz
5 EL Olivenöl
½ Bund Lauchzwiebeln
1 Knoblauchzehe
350 g braune Champignons
Pfeffer aus der Mühle
60 g in Öl eingelegte getrocknete Tomaten
200 g gekochter Schinken in Scheiben
125 g Mozzarella
3 EL geriebener Parmesan
1 EL getrocknete italienische Kräuter

1 Die Hefe und den Zucker in ca. 200 ml lauwarmem Wasser auflösen. Das Mehl und ca. 1 TL Salz in einer Schüssel mischen. Das Hefewasser und 3 EL Olivenöl zugeben. Alles mit den Knethaken des Handrührgeräts gut verkneten, dann mit den Händen weiter durchkneten. Den Hefeteig mit einem angefeuchteten Geschirrtuch zugedeckt bei Raumtemperatur ca. 40 Minuten gehen lassen.

2 Die Lauchzwiebeln waschen, putzen und in Ringe schneiden. Den Knoblauch abziehen und würfeln. Die Champignons evtl. kurz waschen, gut abtropfen, putzen und in Scheiben schneiden. Das restliche Öl in einer großen beschichteten Pfanne erhitzen. Die Champignons darin rundherum evtl. portionsweise anbraten. Die Lauchzwiebeln und den Knoblauch kurz mitbraten. Mit Salz und Pfeffer würzen, herausnehmen. Alles auf einem Sieb abtropfen und abkühlen lassen.

3 Den Backofen auf 180 °C (Umluft 160 °C) vorheizen. Die Tomaten mit Küchenpapier trocken tupfen und würfeln. Den Schinken in Stücke schneiden. Den Mozzarella trocken tupfen und klein würfeln. Die Champignonmischung, die Tomaten, den Schinken, den Mozzarella, den Parmesan und die Kräuter vermischen. Mit Salz und Pfeffer würzen.

4 Den Teig nochmals durchkneten. Auf wenig Mehl zu einer Rolle formen und in 12 Stücke schneiden. Die Teigstücke jeweils auf wenig Mehl rund (Ø ca. 13 cm) ausrollen. Je eine Teighälfte mit etwas Pilzmischung belegen. Die freie Teighälfte darüberklappen und die Teigränder mit den Fingern fest zusammendrücken. Die Mini-Calzone mit Wasser bestreichen und auf zwei mit Backpapier belegten Backblechen verteilen. Im Ofen 20–25 Minuten backen.

BLÄTTERTEIG-PIZZA MIT ZIEGENKÄSE

Zutaten für ca. 6 Stück:

- 3 rechteckige Platten TK-Blätterteig (je ca. 75 g)
- 1 Zwiebel
- 3 EL Olivenöl
- 250 g Kirschtomaten
- 1 Knoblauchzehe
- 2 Zweige Thymian
- 150 g Ziegenfrischkäse
- ca. 3 EL Milch
- 1 Eigelb
- Salz
- Pfeffer aus der Mühle
- 3 EL Pinienkerne
- 50 g Rucola
- 2 EL Honig
- 2 EL Weißweinessig

1 Den Blätterteig nebeneinander legen und ca. 5 Minuten auftauen lassen. Die Zwiebel abziehen und in dünne Streifen schneiden. 1 EL Olivenöl in einer beschichteten Pfanne erhitzen. Die Zwiebel darin andünsten, herausnehmen und etwas abkühlen lassen.

2 Die Kirschtomaten waschen, trocken tupfen und halbieren. Den Knoblauch abziehen und durch eine Knoblauchpresse drücken oder fein hacken. Den Thymian waschen, trocken schütteln, die Blättchen abzupfen und hacken.

3 Den Ofen auf 200 °C (Umluft 180 °C) vorheizen. Den Ziegenfrischkäse, die Milch, das Eigelb, den Knoblauch und den gehackten Thymian verrühren. Mit Salz und Pfeffer würzen. Die Teigplatten einzeln auf wenig Mehl etwas größer ausrollen und jeweils diagonal halbieren.

4 Die Blätterteigstücke auf ein mit Backpapier belegtes Backblech geben und in der Mitte öfter mit einer Gabel einstechen. Mit Ziegenkäsecreme bestreichen, dabei rundherum einen ca. 1 cm breiten Rand frei lassen. Mit Zwiebelstreifen, Tomaten und Pinienkernen belegen. Im Ofen ca. 15 Minuten backen.

5 Den Rucola waschen, gut abtropfen lassen und putzen. Große Blättchen evtl. kleiner zupfen. Den Honig, den Essig und das übrige Olivenöl verrühren. Mit Salz und Pfeffer würzen. Die Pizzen mit Rucola belegen und jeweils mit etwas Honig-Mischung beträufeln.

PASTETEN, PIES & STRUDEL

SPINAT-PASTETE MIT FETA

Zutaten für ca. 8 Stücke:

1 Knoblauchzehe
1 Zwiebel
75 g Butter
625 g TK-Blattspinat mit ganzen Blättern
Salz
Pfeffer aus der Mühle
1 TL mildes Currypulver
250 g Filo- oder Yufkateig (10 Blätter, je ca. 30 cm × 31 cm, aus dem Kühlregal)
1 Ei
1 Eigelb
100 ml Vollmilch
150 g griechischer Sahnejoghurt oder Vollmilchjoghurt
geriebene Muskatnuss
200 g Fetakäse
1 TL ungeschälter Sesam
1 TL Schwarzkümmel

1 Den Knoblauch und die Zwiebel abziehen, würfeln. Ca. 25 g Butter in einem Topf erhitzen. Den Knoblauch und die Zwiebel darin andünsten. Den Spinat und 6–8 EL Wasser zugeben, aufkochen und 10–15 Minuten zugedeckt dünsten. Dabei ab und zu umrühren. Zum Schluss kurz offen köcheln lassen, damit möglichst viel Flüssigkeit verdampft. Mit Salz, Pfeffer und Curry würzen. Den Spinat auf einem Sieb abtropfen und etwas abkühlen lassen.

2 Den Ofen auf 180 °C (Umluft 160 °C) vorheizen. Die übrige Butter bei milder Hitze schmelzen, abkühlen lassen. Die Teigblätter vorsichtig aus der Packung nehmen, kurz ruhen lassen. Das Ei, das Eigelb, die Milch, den Joghurt und die flüssige Butter verquirlen. Mit Salz, Pfeffer und Muskat würzen.

3 Eine rechteckige Auflaufform (ca. 20 cm × 28 cm) fetten und mit 1 Blatt Teig auslegen. Etwas Joghurtmischung darüberträufeln und mit einem Pinsel verstreichen. Diese Schicht mit 2 weiteren Teigblättern belegen und jeweils mit Joghurtmischung bestreichen. Die Hälfte des Spinats darauf verteilen, dabei auseinander zupfen. Den Feta mit einer Gabel grob zerbröseln, die Hälfte darauf verteilen.

4 3 weitere Teigblätter darauf verteilen, dabei je mit etwas Joghurtmischung bestreichen. Mit dem übrigen Spinat und dem restlichen Feta belegen. Überstehende Ränder nach innen klappen. Darauf folgen die übrigen 4 Teigblätter, die jeweils mit etwas Joghurtmischung bestrichen werden. Die Pastete öfter mit einer Gabel einstechen und mit Sesam und Schwarzkümmel bestreuen. Im Ofen 30–35 Minuten backen.

HÄHNCHEN-PAPRIKA-PIE

Zutaten für ca. 12 Stücke:
40 g Schweineschmalz
400 g Mehl
Salz
100 ml + 3 EL Olivenöl
1 Dose Gemüsemais (212 ml)
2 Zwiebeln
2 Knoblauchzehen
2 rote Paprikaschoten (ca. 500 g)
600 g Hähnchenbrustfilets
3 EL Tomatenmark
2 TL getrockneter Oregano
Pfeffer aus der Mühle
edelsüßes Paprikapulver
100 g Cheddar
1 Eigelb

1 Das Schweineschmalz würfeln. Mit dem Mehl, 1 TL Salz, 100 ml Öl und 100 ml Wasser zu einem geschmeidigen Teig verkneten. Ist der Teig zu flüssig, etwas mehr Mehl unterkneten. Den Mais in ein Sieb füllen, abbrausen und gut abtropfen.

2 Die Zwiebeln und den Knoblauch abziehen, fein würfeln. Die Paprikaschoten waschen, putzen und fein würfeln. Die Hähnchenfilets waschen, trocken tupfen und in Würfel (ca. 1 cm) schneiden. 2 EL Öl in einer großen beschichteten Pfanne erhitzen. Die Hähnchenwürfel darin portionsweise anbraten, herausnehmen.

3 Das übrige Öl in der Pfanne erhitzen. Die Zwiebeln, den Knoblauch und die Paprikawürfel darin ca. 10 Minuten unter Wenden andünsten. Das Tomatenmark unterrühren, kurz anschwitzen. Das Hähnchen, den Mais und den Oregano unterheben. Die Flüssigkeit sollte dabei vollständig verdampfen. Mit Salz, Pfeffer und Paprikapulver würzen. Den Cheddar reiben.

4 Den Ofen auf 180 °C (Umluft 160 °C) vorheizen. Ca. zwei Drittel des Teiges auf wenig Mehl rund (Ø ca. 32 cm) ausrollen. Den Teig in eine gefettete Pie- oder Springform (Ø 26 cm) legen, am Rand andrücken. Den Cheddar reiben und auf dem Boden verteilen. Die Füllung darauf verstreichen und gut andrücken.

5 Den Rest des Teiges auf wenig Mehl etwas größer als die Form ausrollen. In der Mitte ein Loch (Ø ca. 4 cm) ausstechen. Den Teig auf die Füllung legen, am Rand gut andrücken. Den Rand gerade schneiden und evtl. wellig formen. Das Eigelb mit 1–2 TL Wasser verquirlen und den Teig damit bestreichen. Im Ofen ca. 40 Minuten backen. Die Pie vor dem Anschneiden kurz ruhen lassen.

KLEINE HACK-FLEISCH-PIES

Zutaten für ca. 6 Stück:

- 155 g Butter
- 300 g Mehl (Type 550)
- Salz
- 1 kleine Zwiebel
- ca. 45 g Gewürzgurken
- 40 g Cheddar
- 1 Ei
- 280 g gemischtes Hackfleisch
- 1–2 EL Semmelbrösel
- 1 TL Tomatenmark
- 2 TL mittelscharfer Senf
- Pfeffer aus der Mühle
- 1–2 EL Milch

1 150 g Butter würfeln. Das Mehl in eine Rührschüssel sieben. Die Butterwürfel, 3–4 EL kaltes Wasser und 1 gestrichenen TL Salz zugeben. Alles mit den Händen rasch zu einem Teig verkneten. Den Teig zu einer Kugel formen und in Frischhaltefolie gewickelt ca. 1 Stunde kalt stellen.

2 Die Zwiebel abziehen und fein würfeln. Die übrige Butter in einem kleinen Topf erhitzen. Die Zwiebel darin andünsten, herausnehmen und etwas abkühlen lassen. Die Gurken in feine Würfel schneiden. Den Cheddar grob raspeln. Das Ei trennen. Das Hack, die Zwiebel, die Gurken, den Cheddar, das Eigelb, die Semmelbrösel, das Tomatenmark und den Senf verkneten. Mit Salz und Pfeffer würzen.

3 Den Teig in 6 gleich große Stücke teilen (am besten abwiegen). Ca. drei Viertel jedes Teigstücks zu einer Kugel formen und auf wenig Mehl jeweils rund (Ø ca. 11 cm) ausrollen. Diese Kreise in 6 leicht geölte Mulden eines Muffinblechs legen und an Boden und Rand andrücken. Der Rand sollte dabei etwas hochstehen. Am Boden öfter mit einer Gabel einstechen.

4 Aus den übrigen kleineren Teigstücken erst Kugeln formen, dann jeweils auf wenig Mehl rund (Ø ca. 8 cm) ausrollen. Das Hack in 6 Stücke teilen und je zu einer Kugel formen. In den Förmchen verteilen und flach andrücken.

5 Den Ofen auf 180 °C (Umluft 160 °C) vorheizen. Das übrige Eiweiß verquirlen und die Teigränder damit dünn bestreichen. Die kleinen Teigkreise auf die Füllung und den Teigrand legen, leicht andrücken. Den Teig am Rand gut andrücken und mit einem kleinen Messer evtl. rund nachformen. Die Hackfleisch-Pies in der Mitte jeweils kreuzweise bis zur Hackfüllung einschneiden. Mit Milch bestreichen und 35–40 Minuten backen. Ca. 10 Minuten ruhen lassen, aus den Mulden lösen und etwas abkühlen lassen.

FRISCHKÄSE-PASTETE

Zutaten für ca. 8 Stücke:

- 100 g salzige Cracker (z. B. Tuc)
- ca. 90 g Butter
- 200 g geräucherter Lachs in dünnen Scheiben
- 600 g Doppelrahm-frischkäse
- 150 g Sahnejoghurt
- 1 EL Zitronensaft
- 35 g Sahnemeerrettich (Glas)
- Salz
- Pfeffer aus der Mühle
- 5 Blatt Gelatine
- 200 g Sahne
- 1 Beet Gartenkresse
- 1 Ei
- 2 EL Schnittlauch-röllchen
- 2 EL fein geschnittener Dill

1 Die Cracker in einem verschlossenen Gefrierbeutel erst mit den Händen grob zerdrücken, dann mit einer Kuchenrolle fein zerbröseln. Die Butter bei schwacher Hitze schmelzen. Die Brösel und die Butter gut vermischen und in einer am Boden mit Backpapier ausgelegten Springform (Ø ca. 20 cm) flach andrücken. Oder einen flexiblen Tortenring auf 20 cm Ø einstellen und auf eine Kuchenplatte legen. Ca. 30 Minuten zugedeckt kalt stellen.

2 130 g Lachs grob schneiden, in einen hohen Rührbecher geben. Den Frischkäse und den Joghurt glatt verrühren. Die Hälfte davon mit dem Zitronensaft und den Lachsstücken pürieren. Den Sahnemeerrettich unterrühren. Mit Salz und Pfeffer abschmecken.

3 3 Blatt Gelatine in kaltem Wasser einweichen. Die Sahne steif schlagen. Die Gelatine etwas abtropfen lassen und bei milder Hitze auflösen. Erst mit 2 EL Lachscreme verrühren, dann die restliche Lachscreme unterrühren. Die Hälfte der geschlagenen Sahne unterheben. Die Lachscreme auf dem Bröselboden verstreichen. Die Hälfte der Kresse vom Beet schneiden und darauf verteilen. Zugedeckt ca. 30 Minuten kalt stellen.

4 Die übrige geschlagene Sahne und die restliche Hälfte der Frischkäsecreme kalt stellen. Das Ei in kochendem Wasser ca. 10 Minuten kochen, abschrecken und auskühlen lassen. Den Rest der Frischkäsecreme mit dem Schnittlauch und dem Dill verrühren. Mit Salz und Pfeffer würzen. Die übrige Gelatine in kaltem Wasser einweichen.

5 Die Gelatine etwas abtropfen lassen, bei milder Hitze auflösen. Erst mit 2 EL Frischkäsecreme verrühren, dann unter die übrige Frischkäsecreme heben. Die restliche Sahne unterheben. Die Creme auf der Lachscreme verstreichen. Zugedeckt ca. 4 Stunden kalt stellen. Das Ei pellen, in Scheiben schneiden. Die Frischkäse-Pastete mit dem übrigen Lachs, dem Ei und der restlichen Kresse garnieren.

KARTOFFEL-LACHS-STRUDEL

Zutaten für ca. 4 Stück:

- ca. 450 g mehligkochende Kartoffeln (z. B. Augusta)
- Salz
- 200 g grüne Bohnen
- 1 Zwiebel
- 600 g Lachsfilet ohne Haut
- 1 EL Öl
- Pfeffer aus der Mühle
- 1 Ei
- 80 g weiche Butter
- 2 TL Speisestärke
- geriebene Muskatnuss
- 8 Strudelteigblätter Filo- oder Yufkateig (je ca. 30 cm × 31 cm, aus dem Kühlregal)
- ca. 6 EL Semmelbrösel

1 Die Kartoffeln waschen und mit Schale 20–25 Minuten in Salzwasser kochen. Die Bohnen waschen, putzen und in kochendem Salzwasser 7–8 Minuten garen. Die Bohnen abgießen, kalt abschrecken und abtropfen lassen. Die Zwiebel abziehen und fein würfeln. Den Lachs kurz waschen, trocken tupfen und in 4 längliche Stücke schneiden.

2 Das Öl in einer beschichteten Pfanne erhitzen. Den Lachs darin rundherum kurz und kräftig anbraten, herausnehmen. Mit Salz und Pfeffer würzen. Die Zwiebel im Bratfett glasig dünsten, herausnehmen und auf Küchenpapier abtropfen lassen. Die Kartoffeln abgießen, abschrecken, pellen und durch eine Kartoffelpresse drücken. Den Kartoffelschnee etwas abkühlen lassen. Das Ei trennen. Das Eiweiß mit 1 Prise Salz steif schlagen. Ca. 300 g Kartoffelschnee abwiegen. Mit dem Eigelb, der Zwiebel, 15 g Butter und der Stärke verrühren. Mit Salz, Pfeffer und Muskat würzen. Den Eischnee gut unterrühren.

3 Den Backofen auf 180 °C (Umluft 160 °C) vorheizen. Die übrige Butter bei milder Hitze in einem Topf schmelzen. Ein angefeuchtetes Geschirrtuch auf die Arbeitsfläche legen. 1 Teigblatt mit einer kürzeren Seite nach vorne darauflegen. Das Teigblatt dünn mit etwas flüssiger Butter bestreichen. Gleichmäßig mit ca. 1 EL Semmelbröseln bestreuen.

4 Das Teigblatt mit einem weiteren Teigblatt belegen und ebenso dünn mit Butter bestreichen. Das untere Drittel mit ca. ½ EL Semmelbröseln bestreuen. Ca. ein Viertel der Kartoffelmasse darauf verteilen, dabei ca. 5 cm Rand seitlich frei lassen. Mit 1 Stück Lachs belegen. Ca. ein Viertel der Bohnen um den Lachs verteilen. Die Teigseiten über der Füllung einschlagen und die Teigblätter von der vorderen Seite her aufrollen. Auf ein mit Backpapier belegtes Backblech legen, dabei sollte der Lachs oben liegen. Aus den übrigen Zutaten ebenso 3 weitere Strudel zubereiten. Die Strudel mit der restlichen Butter bestreichen und ca. 25 Minuten backen.

TIPP

Statt mit den grünen Bohnen schmeckt der Strudel auch mit einigen Stangen vorgegartem grünem Spargel. Dickere Stangen evtl. längs halbieren.

GRÜNE GARNELEN-PASTETCHEN

Zutaten für 12 Stück:

240 g geschälte TK-Garnelen
75 g TK-Erbsen
ca. 65 g Butter
1 kleine Stange Porree
75 g Zuckerschoten
9 Strudelteigblätter Filo- oder Yufkateig (je ca. 30 cm × 31 cm, aus dem Kühlregal)
12 gestrichene TL Semmelbrösel
175 g Doppelrahmfrischkäse mit Kräutern
3 Eier
2 TL Speisestärke
Salz
Pfeffer aus der Mühle
2 EL gehackter Kerbel
125 g Mozzarella
1 Knoblauchzehe
2 EL Olivenöl

TIPP

Die gefrorenen Garnelen tauen sehr schnell auf, wenn man sie in reichlich kaltes Wasser legt. So wird die Kälte rasch an das Wasser abgegeben. Das Wasser dabei evtl. einmal auswechseln.

1 Die Garnelen und die Erbsen getrennt auftauen lassen. Die Butter in einem Topf bei geringer Hitze schmelzen, etwas abkühlen lassen. Den Porree waschen, putzen und in feine Streifen schneiden. Die Zuckerschoten waschen, putzen und quer in feine Streifen schneiden.

2 Die Mulden eines 12er-Muffinblechs gut mit Butter ausstreichen. Die Teigblätter jeweils in 4 Quadrate teilen. Die Muffinmulden jeweils mit 1 Teigstück auslegen, den Boden und Rand dabei vorsichtig andrücken. Überstehenden Rand etwas zusammen- und hochdrücken, so dass er nicht über den anderen Mulden liegt und die Form leicht erhöht. Oder die Ränder etwas abschneiden.

3 Die Teigstücke in den Mulden samt Rand mit Butter bestreichen. Mit je ½ TL Semmelbröseln bestreuen. Jeweils mit 2 weiteren Teigstücken belegen und dabei mit Butter bestreichen. Nur die beiden unteren Teigblätter mit Semmelbröseln bestreuen.

4 Den Ofen auf 180 °C (Umluft 160 °C) vorheizen. Die Erbsen trocken tupfen. Den Frischkäse, die Eier, die Stärke und die Erbsen pürieren. Mit Salz und Pfeffer würzen. Den Kerbel unterrühren. Ca. 70 g Porree abwiegen. Den Mozzarella in kleine Würfel schneiden.

5 Die Garnelen waschen, abtropfen lassen und trocken tupfen. Den Knoblauch abziehen und durch eine Knoblauchpresse drücken. Den Knoblauch mit dem Öl verrühren und mit den Garnelen vermischen. Mit Salz und Pfeffer würzen. Erst die Zuckerschoten, dann den Porree in die ausgelegten Mulden geben. Den Frischkäseguss in den Mulden verteilen. Mit den Garnelen belegen und mit dem Mozzarella bestreuen. Im Ofen 20–25 Minuten backen. Etwas abkühlen lassen, dann aus den Mulden heben und auf ein Kuchengitter legen.

PIKANTE AUFLÄUFE MIT BROT & TEIG

GYROS-CLAFOUTIS

Zutaten für ca. 12 Stück:

300 g Schweinefilet
2 Knoblauchzehen
5 ½ EL Olivenöl
1 EL Zitronensaft
2 TL getrockneter Oregano
1 TL getrockneter Thymian
edelsüßes Paprikapulver
Pfeffer aus der Mühle
1 Schalotte
1 rote Paprikaschote
Salz
180 g Schafskäse oder Feta
4 Eier
2 EL fein gehackte Petersilie
100 g Mehl (Type 550)
100 ml Vollmilch

1 Das Schweinefilet kurz abbrausen, trocken tupfen und in Streifen (ca. 1 cm breit) schneiden. Den Knoblauch abziehen und durch eine Knoblauchpresse drücken. Mit 4 EL Öl, dem Zitronensaft, den Kräutern, dem Paprikapulver und etwas Pfeffer verrühren. Das Fleisch unterheben, ca. 30 Minuten zugedeckt kalt stellen.

2 Die Schalotte abziehen und in Würfel schneiden. Die Paprikaschote waschen, putzen und in Würfel schneiden. 1 EL Öl in einer beschichteten Pfanne erhitzen. Die Schalotte darin andünsten. Die Paprika zugeben und ca. 5 Minuten unter Rühren andünsten. Die Paprikamischung aus der Pfanne nehmen und etwas abkühlen lassen. Mit Salz und Pfeffer würzen.

3 Den Ofen auf 180 °C (Umluft 160 °C) vorheizen. 100 g Käse in einer Rührschüssel mit einer Gabel zerdrücken. 2 Eier trennen, das Eiweiß beiseite stellen. 2 Eigelbe, 2 Eier, die Petersilie, das Mehl und die Milch zum zerdrückten Käse geben und gut verrühren. Mit Salz und Pfeffer würzen. Das Eiweiß mit 1 Prise Salz steif schlagen. Erst den Eischnee, dann die Paprikamischung unterheben.

4 Die Masse in 12 mit Butter ausgestrichenen und mit Mehl bestäubten Mulden eines Muffinblechs verteilen. Das Schweinefilet abtropfen lassen, mit wenig Mehl bestäuben und darauflegen. Mit Salz würzen. Den restlichen Käse grob zerbröseln, mit dem übrigen Öl mischen und darüber verteilen. Im Ofen 20–25 Minuten backen. Dazu passt Tsatsiki.

ROHRNUDELN MIT WURSTFÜLLUNG

Zutaten für ca. 4 Portionen:

- ca. 300 g mehligkochende Kartoffeln
- Salz
- 120 ml Vollmilch
- 30 g frische Hefe
- ½ TL Zucker
- ca. 345 g Mehl
- 80 g weiche Butter
- 1 Ei
- Pfeffer aus der Mühle
- 1 Zwiebel
- 500 g Champignons
- 3 EL Öl
- 250 g ungebrühte grobe Bratwürstchen
- 2 TL getrockneter Majoran
- 3–4 EL Weißwein
- 250 ml Gemüsebrühe
- 150 g Sahne

1 Die Kartoffeln waschen und mit Schale ca. 25 Minuten in Salzwasser kochen. Abgießen, abschrecken und pellen. Die Kartoffeln noch heiß durch eine Kartoffelpresse drücken, lauwarm abkühlen lassen. 200 g Kartoffelschnee abwiegen. Die Milch lauwarm erhitzen. Die Hefe und den Zucker darin auflösen. Mit 325 g Mehl, dem abgewogenen Kartoffelschnee, 30 g Butter, dem Ei, 1 TL Salz und etwas Pfeffer verkneten. Den Teig mit einem angefeuchteten Geschirrtuch zudecken und ca. 30 Minuten bei Raumtemperatur gehen lassen.

2 Die Zwiebel abziehen und würfeln. Die Pilze evtl. kurz waschen, gut abtropfen, putzen und in Scheiben schneiden. 1 EL Öl in einer großen beschichteten Pfanne erhitzen. Das Wurstbrät direkt aus der Pelle als ca. 12 kleine Bällchen in die Pfanne drücken. Die Brätbällchen rundherum braten, herausnehmen und etwas abkühlen lassen. Das restliche Öl im Bratfett erhitzen. Die Pilze darin rundherum portionsweise kräftig anbraten. Die Zwiebel kurz mitbraten. Den Majoran unterrühren. Mit Salz und Pfeffer würzen.

3 Die übrige Butter bei geringer Hitze schmelzen. Den Teig durchkneten, in 12 Stücke teilen und diese flach drücken. Je 1 Brätbällchen in die Mitte geben. Die Teigränder zur Mitte hin über die Wurstfüllung klappen, zusammendrücken und zu einer Kugel formen.

4 Den Ofen auf 180 °C (Umluft 160 °C) vorheizen. Die Rohrnudeln mit der Nahtseite nach unten dicht an dicht in einer gefetteten Auflaufform (ca. 22 cm × 30 cm) verteilen. Die Rohrnudeln dabei rundherum mit flüssiger Butter bestreichen, dann mit einem angefeuchteten Tuch zugedeckt ca. 15 Minuten gehen lassen. Evtl. übrige Butter darauf verteilen. Die Rohrnudeln 30–35 Minuten backen.

5 Den Wein an die Pilze in die Pfanne gießen, offen kurz köcheln lassen. Die Brühe und die Sahne einrühren und aufkochen lassen. Das übrige Mehl mit ca. 5 EL Wasser verrühren, einrühren und ca. 5 Minuten köcheln lassen. Den Champignonrahm mit Salz und Pfeffer abschmecken.

SCHINKEN-CHAMPIGNON-RAMEQUIN

Zutaten für 4 Portionen:

250 g braune Champignons
1 Knoblauchzehe
2 EL Butter
Salz
Pfeffer aus der Mühle
1 Bund Lauchzwiebeln
8 Scheiben Toast- oder Kastenweißbrot
8 EL trockener Weißwein
4 große oder 8 kleine Scheiben gekochter Schinken (ca. 200 g)
8 Scheiben Appenzeller ohne Rinde (ca. 300 g)
ca. 80 g Emmentaler ohne Rinde
4 Eier
250 ml Vollmilch
200 g Sahne
1–2 TL gehackter oder getrockneter Thymian
geriebene Muskatnuss

1 Die Champignons evtl. kurz waschen, gut abtropfen, putzen und in Scheiben schneiden. Den Knoblauch abziehen, durch eine Knoblauchpresse drücken. Die Butter in einer großen beschichteten Pfanne erhitzen. Die Champignons darin bei mittlerer Hitze anbraten. Den Knoblauch kurz mitdünsten. Mit Salz und Pfeffer würzen, etwas abkühlen lassen.

2 Die Lauchzwiebeln waschen, putzen und in Ringe schneiden. Die Brotscheiben im Toaster goldbraun rösten. Die Brotscheiben jeweils mit 1 EL Wein beträufeln. Große Schinkenscheiben halbieren.

3 Den Backofen auf 180 °C (Umluft 160 °C) vorheizen. Jedes Brot mit je 1 Scheibe Käse und 1 Scheibe Schinken belegen. Die Brotscheiben mit der belegten Seite nach unten dachziegelartig in einer gefetteten Auflaufform (ca. 20 cm × 30 cm) verteilen.

4 Den Emmentaler reiben. Die Eier mit der Milch, der Sahne und dem Thymian verquirlen. Mit Salz, Pfeffer und Muskat würzen. Die Lauchzwiebeln und die Champignons vermischen und um das Brot herum verteilen. Den Eierguss über das Brot gießen. Alles mit Emmentaler bestreuen und 25–30 Minuten backen.

AUBERGINEN-CRUMBLE MIT PECORINO

Zutaten für ca. 4 Portionen:
1 kg Auberginen (ca. 3 Stück)
Salz
2 Knoblauchzehen
4 Tomaten (ca. 400 g)
½ Töpfchen Basilikum
9 EL Olivenöl
1–2 TL Tomatenmark
Pfeffer aus der Mühle
100 g mittelalter Pecorino ohne Rinde
2 Eier
3 EL Milch
50 g Mandelkerne mit Haut
100 g blütenzarte Haferflocken
80 g Mehl (Type 550)
100 g weiche Butter

1 Die Auberginen waschen, putzen und längs in Scheiben (ca. 1 cm dick) schneiden. Die Scheiben von beiden Seiten mit Salz bestreuen, ca. 15 Minuten ziehen lassen. Den Knoblauch abziehen und fein würfeln. Die Tomaten waschen, putzen und in grobe Stücke schneiden. Das Basilikum waschen, trocken schütteln, die Blättchen abzupfen und in breite Streifen schneiden.

2 Den Ofen auf 180 °C (Umluft 160 °C) vorheizen. 2 EL Öl in einem Topf erhitzen. Den Knoblauch darin andünsten. Die Tomaten und das Tomatenmark zugeben, aufkochen und ca. 10 Minuten offen einköcheln lassen. Mit Salz und Pfeffer würzen. Das Basilikum unterrühren.

3 Eine Fettpfanne mit Backpapier auslegen und mit 2 EL Öl bestreichen. Die Auberginenscheiben mit Küchenpapier trocken tupfen und leicht überlappend auf der Fettpfanne verteilen. Mit dem restlichen Öl bestreichen. Die Auberginen im Ofen 15–20 Minuten backen, etwas abkühlen lassen.

4 Den Pecorino reiben und ca. 30 g beiseitelegen. Die Eier mit der Milch verquirlen. Mit Salz und Pfeffer würzen. Die Hälfte der Tomatensoße in einer Auflaufform (ca. 20 cm × 30 cm) verteilen. Mit einer Schicht Auberginenscheiben belegen und mit etwas Pecorino bestreuen. Die Hälfte der Eiermilch darauf verteilen. Mit dem Rest der Auberginen belegen. Die übrige Tomatensoße darauf verstreichen und mit dem Pecorino bestreuen. Den Rest der Eiermilch darüberträufeln.

5 Die Mandeln fein reiben. Mit den Haferflocken, dem Mehl, der Butter und etwas Salz krümelig verkneten. Den beiseitegelegten Pecorino untermischen. Die Mandelstreusel auf dem Auflauf verteilen und alles 25–30 Minuten backen.

TOMATEN-ZUCCHINI-CRESPELLE

Zutaten für 4 Portionen:
65 g Butter
575 ml Milch
160 g Dinkelmehl (Type 630)
5 Eier
Salz
60 g Parmesan oder Pecorino ohne Rinde
ca. 500 g Zucchini
1 Zwiebel
1 Knoblauchzehe
5 EL Öl
Pfeffer aus der Mühle
2 TL getrocknete italienische Kräuter
geriebene Muskatnuss
250 g Ricotta
2 Tomaten

1 30 g Butter schmelzen, kurz abkühlen lassen. 275 ml Milch und 125 g Mehl mit einem Schneebesen glatt verrühren. Dann 3 Eier, Salz und die flüssige Butter unterrühren. Den Teig zugedeckt ca. 30 Minuten quellen lassen. Den Parmesan oder Pecorino reiben.

2 Die Zucchini waschen, putzen und auf einer Gemüsereibe grob raspeln. Die Zwiebel und den Knoblauch abziehen, fein würfeln. 2 EL Öl in einer Pfanne erhitzen. Die Zwiebel und den Knoblauch darin andünsten. Die Zucchini zugeben und unter Wenden ca. 5 Minuten andünsten. Mit Salz, Pfeffer und den Kräutern würzen. Etwas abkühlen und evtl. abtropfen lassen.

3 Die restliche Butter in einem Topf erhitzen. Das übrige Mehl einrühren, kurz anschwitzen. Die übrige Milch einrühren, unter Rühren aufkochen lassen. Mit Salz, Pfeffer und Muskat würzen. Ca. 3 EL Parmesan unterrühren.
Das restliche Öl portionsweise in einer großen beschichteten Pfanne erhitzen. Aus dem Teig darin nacheinander ca. 6 Pfannkuchen (Ø 24–25 cm) backen.

4 Den Backofen auf 180 °C (Umluft 160 °C) vorheizen. Die übrigen Eier, den Ricotta und 3–4 EL Parmesan verrühren. Mit Salz und Pfeffer würzen. Die Zucchini unterrühren. Je etwas Ricotta-Mischung auf den Pfannkuchen verteilen und aufrollen. In einer gefetteten Auflaufform (ca. 25 cm × 25 cm) verteilen.

5 Die Hälfte der Béchamelsoße auf den Pfannkuchen verstreichen. Die Tomaten waschen, trocken tupfen und in dünne Scheiben schneiden. Die Tomatenscheiben auf die Pfannkuchen legen und würzen. Die übrige Béchamelsoße darauf verteilen. Mit dem restlichen Parmesan bestreuen. Im Ofen 25–30 Minuten überbacken.

TIPP

Wer auf Fleisch nicht verzichten möchte, kann jeweils 1 Scheibe gekochten Schinken mit in die Pfannkuchen einrollen.

KNUSPER-SPASS FÜR KINDER

KÄSE-HÖRNCHEN MIT WÜRSTCHEN

Zutaten für ca. 8 Stück:
150 g Gouda ohne Rinde
ca. 4 Lauchzwiebeln
250 g Mehl
2 TL Backpulver
125 g Magerquark
5 EL Vollmilch
5 EL Olivenöl
1 Ei
Salz
4 TL mittelscharfer Senf
16 Cocktailwürstchen (Glas, je ca. 4 cm lang)

1 Den Ofen auf 180 °C (Umluft 160 °C) vorheizen. Den Käse grob raspeln. Die Lauchzwiebeln waschen, putzen und in feine Ringe schneiden. Das Mehl und das Backpulver in einer Rührschüssel mit einem Schneebesen gut vermischen. Den Quark, 3 EL Milch, das Öl, das Ei und ca. ½ TL Salz zugeben. Alles mit den Knethaken des Handrührgeräts kurz zu einem glatten Teig verkneten. Ca. ein Drittel der Lauchzwiebeln unterheben. Nicht zu lange kneten, sonst fängt der Teig an zu kleben.

2 Den Teig mit bemehlten Händen zu einer Kugel formen. Den Quark-Öl-Teig auf wenig Mehl rund (Ø ca. 36 cm) ausrollen und mit dem Senf bestreichen. Den Teig wie eine Torte in 8 Stücke schneiden. Die Teigdreiecke erst mit ca. 100 g Käse bestreuen, dann mit den übrigen Lauchzwiebeln. An die schmalen Seiten der Dreiecke parallel zum Rand je 2 Cocktailwürstchen legen, dabei zum Rand ca. 2 cm frei lassen.

3 Die Teigstücke von der schmalen Seite her aufrollen und zu Hörnchen formen. Die Hörnchen auf ein mit Backpapier ausgelegtes Backblech legen und mit der restlichen Milch bestreichen. Mit dem übrigem Käse bestreuen. Im Ofen 20–25 Minuten backen.

SCHINKEN-PORREE-MUFFINS MIT BERGKÄSE

Zutaten für ca. 12 Stück:

- 200 g Butter
- 1 große Stange Porree
- 150 g gekochter Schinken (Stück)
- Salz
- Pfeffer aus der Mühle
- 130 g Bergkäse ohne Rinde
- 1 Ei
- 8–10 EL Milch
- 250 g Mehl
- 1 Pck. Backpulver

1 180 g Butter bei geringer Hitze schmelzen, etwas abkühlen lassen. Den Porree längs halbieren, waschen, putzen und in Streifen schneiden. Ca. 200 g Porree abwiegen. Den Schinken in Würfel (ca. ½ cm × ½ cm) schneiden. Die übrige Butter in einer beschichteten Pfanne erhitzen. Den Schinken darin bei milder Hitze andünsten. Den Porree zugeben und ca. 4 Minuten unter Wenden mitdünsten, herausnehmen. Mit etwas Salz und Pfeffer würzen, 15–20 Minuten abkühlen lassen.

2 Den Ofen auf 180 °C (Umluft 160 °C) vorheizen. Den Bergkäse grob reiben. Das Ei mit den Schneebesen des Handrührgeräts sehr schaumig schlagen. Die flüssige Butter, 1 TL Salz und die Milch unterrühren. 80 g Käse und die Porree-Schinken-Mischung unterrühren. Das Mehl und das Backpulver mit einem Schneebesen gut vermischen, darübersieben und kurz unterrühren.

3 Den Teig in 12 gefetteten und mit Mehl ausgestäubten Muffinmulden verteilen. Mit dem restlichen Bergkäse bestreuen und 20–25 Minuten backen. Die Muffins ca. 10 Minuten in den Muffinmulden abkühlen lassen, herausnehmen und auf einem Kuchengitter auskühlen lassen. Die Muffins schmecken warm und kalt. Dazu passt je 1 Klecks Kräuterquark.

KRUPS

KÄSE-ZWIEBEL-WAFFELN

Zutaten für 6–8 Stück:

80 g mittelalter Comté oder Bergkäse ohne Rinde
200 g Dinkelmehl (Type 630)
1 gehäufter TL Backpulver
edelsüßes Paprikapulver
Salz
Pfeffer aus der Mühle
180 g weiche Butter
4 Eier
5–6 EL Vollmilch
50 g fertige Röstzwiebeln
2 TL gehackte Thymianblättchen
Öl zum Bestreichen

1 Den Käse fein reiben. Das Mehl, das Backpulver, 1 TL Paprika, ca. 1 TL Salz und etwas Pfeffer mit einem Schneebesen gut vermischen. Die Butter mit den Schneebesen des Handrührgeräts cremig rühren. Die Eier einzeln und im Wechsel mit ca. 3 EL von der Mehlmischung unterrühren. Dann die übrige Mehlmischung abwechselnd mit der Milch rasch unterrühren.

2 Den Käse, die Röstzwiebeln und den Thymian unter den Waffelteig heben. Ein Waffeleisen (z. B. Herzform) vorheizen. Die Backflächen dünn mit Öl bestreichen. Ca. 3 EL Teig in die Mitte der unteren Backfläche geben und das Waffeleisen schließen. Die Waffeln nacheinander in je 2–3 Minuten goldgelb backen.

3 Die Waffeln können Sie nebeneinander auf einem Ofengitter verteilen und bei ca. 100 °C (Umluft 80 °C) im Backofen kurz warm halten.

TIPP

Tipp für Waffelherz-Doppeldecker: Abgekühlte Herzwaffeln in einzelne Herzen teilen und jeweils mit Kräuterfrischkäse bestreichen. Etwas Rucola darauf verteilen und je 2 Herzen mit der mit Käse bestrichenen Seite aneinanderdrücken.

LAUGEN-BREZEN

Zutaten für ca. 6 Stück:
15 g frische Hefe
½ TL Zucker
200 g Mehl (Type 550)
175 g Dinkelmehl (Type 630)
Salz
15 g weiche Butter
ca. 40 g Natron (Natriumhydrogencarbonat, z. B. Kaiser Natron)
2–3 TL grobkörniges Salz (z. B. Meer-, Mühlen- oder Hagelsalz)

1 Die Hefe und den Zucker unter Rühren in ca. 210 ml lauwarmem Wasser auflösen. Das gesamte Mehl und ca. 1 gestrichenen TL Salz in einer Schüssel vermischen. Das Hefewasser und die Butter zugeben. Alles erst mit den Knethaken des Handrührgeräts, dann mit den Händen zu einem geschmeidigen Hefeteig verkneten. Mit einem angefeuchteten Geschirrtuch zugedeckt bei Raumtemperatur ca. 1 Stunde gehen lassen.

2 Den Hefeteig nochmals gut mit leicht bemehlten Händen durchkneten und in 6 gleich große Stücke teilen. Jedes Stück mit leicht bemehlten Händen zu einer 50–55 cm langen Rolle formen, dabei zu den Enden hin dünner werden. Aus den Strängen jeweils Brezen formen und die dünnen Enden dabei über Kreuz an das dicke Mittelstück andrücken.

3 Den Ofen auf 180 °C (Umluft 160 °C) vorheizen. 1 l Wasser in einem Topf aufkochen lassen. Den Topf vom Herd nehmen, weil es sonst kräftig sprudeln kann, und das Natron nach und nach einrühren. Die Brezen mit einem Schaumlöffel nacheinander jeweils ca. 20 Sekunden in die leicht köchelnde Lauge tauchen und dabei wenden. Achten Sie darauf, dass Ihre Haut nicht mit der Lauge in Berührung kommt.

4 Die Laugenbrezen herausnehmen und gut abtropfen lassen. Auf einem gefetteten Backblech verteilen. Jeweils sofort mit Salz bestreuen. Im Ofen ca. 20 Minuten backen. Auf einem Kuchengitter etwas abkühlen lassen und warm servieren.

SCONES MIT RADIESCHEN-GURKEN-SALSA

Zutaten für ca. 8 Stück:

- 20 g Parmesan ohne Rinde
- 60 g Butter
- 250 g Mehl
- 2 TL Backpulver
- Salz
- 1 TL Zucker
- 1 Ei
- 100 ml Milch
- 2 TL mittelscharfer Senf
- 2 TL fein gehackte Rosmarinnadeln
- ca. 200 g Bio-Salatgurke
- 8 Radieschen
- 1 Schalotte
- 4 Stiele Dill
- 2 EL heller Balsamicoessig
- Pfeffer aus der Mühle
- 2 EL Olivenöl
- 150 g Crème fraîche mit Kräutern

1 Den Parmesan fein reiben. Die Butter fein würfeln. Das Mehl, das Backpulver, 1 TL Salz und ½ TL Zucker in einer Schüssel mit einem Schneebesen gut vermischen. Das Ei und die Milch verquirlen, 1 EL der Mischung zum Bestreichen beiseitelegen. Die restliche Eiermilch, den Parmesan, die Butter, 1 TL Senf und den Rosmarin zur Mehlmischung geben. Alles erst kurz mit den Knethaken des Handrührgeräts verkneten, dann mit den Händen.

2 Den Ofen auf 180 °C (Umluft 160 °C) vorheizen. Den Teig sofort auf wenig Mehl 2 cm dick ausrollen. Mit einer runden Ausstechform oder einem umgedrehten Glas Kreise (Ø ca. 6,5 cm) ausstechen. Ausstecher dabei nicht drehen, sonst gehen die Scones beim Backen schief auf. Die Ausstecher zwischendurch in Mehl tauchen.

3 Die Teigreste erneut verkneten und insgesamt ca. 8 Teigkreise ausstechen. Auf einem mit Backpapier ausgelegten Backblech verteilen und mit der beiseitegestellten Eiermilch bestreichen. 15–20 Minuten backen, auskühlen lassen.

4 Die Gurke waschen, trocken tupfen, längs halbieren und mit einem Teelöffel entkernen. Die Gurke in feine Würfel schneiden. Die Radieschen waschen, putzen und fein würfeln. Die Schalotte abziehen und fein würfeln. Den Dill waschen, trocken schütteln, abzupfen und fein schneiden.

5 Den Essig mit der Schalotte, dem übrigen Senf, Salz, Pfeffer und dem restlichen Zucker verrühren. Das Öl unterrühren. Die Vinaigrette mit der Gurke und den Radieschen vermischen, abschmecken. Die Scones mit der Radieschen-Gurken-Salsa und der Crème fraîche anrichten.

KARTOFFEL-TASCHEN MIT ERBSEN

Zutaten für ca. 10 Stück:

ca. 500 g mehligkochende Kartoffeln
Salz
1 Zwiebel
2 Knoblauchzehen
1 haselnussgroßes Stück Ingwer
10 Scheiben quadratischer TK-Blätterteig (ca. 450 g, je ca. 12 cm × 12 cm)
2 EL Öl
150 g TK-Erbsen
1 TL mildes Currypulver
2 EL gehackte Korianderblättchen
geriebene Muskatnuss
1 Eigelb
150 g Salatgurke
300 g Vollmilchjoghurt
1 EL gehackte Minze
Pfeffer aus der Mühle
ca. 1 TL Zucker

1 Die Kartoffeln waschen und mit der Schale in kochendem Salzwasser 20–25 Minuten garen. Die Zwiebel und 1 Knoblauchzehe abziehen, fein würfeln. Den Ingwer schälen und fein reiben oder hacken. Die Blätterteigscheiben nebeneinander ausbreiten und auftauen lassen.

2 Das Öl erhitzen. Die Zwiebel darin andünsten. Die Erbsen, den Knoblauch und den Ingwer kurz mitdünsten. Mit dem Curry bestäuben, kurz anschwitzen und herausnehmen. Die Kartoffeln abgießen, abschrecken und pellen. Die Kartoffeln noch warm durch eine Kartoffelpresse drücken. Ca. 350 g Kartoffelschnee abwiegen.

3 Den Ofen auf 180 °C (Umluft 160 °C) vorheizen. Den Kartoffelschnee, den Koriander und die Erbsenmischung sehr gut verrühren. Mit Salz und Muskat abschmecken, etwas abkühlen lassen. In die Mitte der Blätterteigquadrate je ca. 2 EL Füllung geben, ca. 1 cm Rand rundherum frei lassen.

4 Die Teigquadrate zu Dreiecken zusammenklappen und die Ränder mit einer Gabel oder den Fingern fest andrücken. Auf einem mit Backpapier ausgelegten Backblech verteilen. Das Eigelb mit ca. 1 TL Wasser verquirlen und die Kartoffeltaschen damit bestreichen. Im Ofen 25–30 Minuten backen.

5 Die Gurke schälen, längs halbieren, entkernen und grob raspeln. Die Gurkenraspel etwas abtropfen lassen. Den restlichen Knoblauch abziehen und fein hacken oder durch eine Knoblauchpresse drücken. Mit dem Joghurt, der Minze und der Gurke verrühren. Mit Salz, Pfeffer und Zucker würzen. Als Dip zu den Kartoffeltaschen reichen.

REGISTER

BILDNACHWEIS

Sämtliche Fotos stammen von Gudrun Petersen. Sie lebt und arbeitet als Berufsfotografin in Hamburg und Aachen. Gudrun Petersen veröffentlichte bereits mehrere Bildbände, ist für Agenturen, Magazine und Zeitschriften unterwegs und stellt regelmäßig ihre „Einzelbilder“ aus (www.einzelbilder.com).

DER AUTOR

Marco Seifried arbeitet als freier Food-Journalist und war lange bei einem bekannten Hamburger Verlag als Food-Redakteur beschäftigt. Seine große Vorliebe für das Backen hat den gelernten Koch und Diplom-Ökotrophologen zu diesem Buch inspiriert. Von ihm erschien bereits „Kühles Kuchenglück“ im Jan Thorbecke Verlag.